Respetar a los demás

por Robin Nelson

ediciones Lerner · Minneapolis

Yo puedo decidir cómo actuar.

Yo trato de actuar con **respeto**.

Yo me respeto.

Como alimentos que son buenos para mí.

Yo respeto a mis amigos.

Soy **justo** cuando juego.

Yo respeto a mis padres.

Hago mis **quehaceres**.

Yo respeto a mi maestra.

Escucho con atención.

Yo respeto a los desconocidos.

Tengo buenos **modales**.

Yo respeto a la Tierra.

No contamino.

Pienso en lo que hago.

Todos **merecen** respeto.

¿Cómo puedes ser respetuoso con los demás en casa?

- Escucha las ideas de tus hermanos.

- Respeta la privacidad de todos en tu familia.

- Di "gracias" y "por favor".

- Comparte tus juguetes.

- No tomes cosas sin pedir permiso.

¿Cómo puedes ser respetuoso con los demás en la escuela?

- No hables cuando otros están hablando.

- Escucha las ideas de los demás.

- No juzgues a los demás por su apariencia.

- Permite que todos jueguen.

- Presta atención a tu maestra.

Glosario

justo: una persona que trata a todos por igual

merecer: tener derecho a algo

modales: comportamiento o conducta

quehaceres: tareas que deben hacerse

respeto: consideración

Índice

amigos: 6

desconocidos: 12

maestra: 10

padres: 8

Tierra: 14

yo: 4

Traducción al español: copyright © 2006 por ediciones Lerner
Título original: *Respecting Others*
Copyright © 2003 por Lerner Publications Company

Todos los derechos reservados. Protegido por las leyes de derechos de autor internacionales. Se prohíbe la reproducción, almacenamiento en sistemas de recuperación de información y transmisión de este libro, ya sea de manera total o parcial, de cualquier forma y por cualquier medio, ya sea electrónico, mecánico, de fotocopiado, de grabación o de otro tipo, sin la autorización previa por escrito de ediciones Lerner, excepto por la inclusión de citas breves en una reseña con reconocimiento de la fuente.

Las fotografías presentes en este libro se reproducen por cortesía de: © PhotoDisc, portada, págs. 6, 11, 14; © Rubberball Productions, págs. 2, 3, 22 (quinta); © Corbis Royalty Free, págs. 4, 16; Brand-X Pictures, págs. 5, 8, 17, 22 (segunda); © H. Rogers/TRIP, págs. 7, 22 (tercera); © Fotografia, Inc./CORBIS, págs. 9, 22 (primera); © Tom McCarthy/TRANSPARENCIES, Inc., pág. 10; © J. Faircloth/TRANSPARENCIES, Inc., pág. 12; © Norvia Behling, págs. 13, 22 (cuarta); © Connie Summers, pág. 15.

Ilustraciones de las páginas 19 y 21 por Tim Seeley.

La edición en español fue realizada por un equipo de traductores nativos de español de translations.com, empresa mundial dedicada a la traducción.

ediciones Lerner
Una división de Lerner Publishing Group
241 First Avenue North
Minneapolis, MN 55401 EUA

Dirección de Internet: www.lernerbooks.com

Library of Congress Cataloging-in-Publication Data

Nelson, Robin, 1971–
 [Respecting others. Spanish]
 Respetar a los demás / por Robin Nelson.
   p. cm. — (Mi primer paso al mundo real. Civismo)
 Includes index.
  ISBN-13: 978–0–8225–3187–6 (lib. bdg. : alk. paper)
  ISBN-10: 0–8225–3187–9 (lib. bdg. : alk. paper)
 1. Respect for persons—Juvenile literature. 2. Respect—Juvenile literature. 3. Children—Conduct of life—Juvenile literature. I. Title.
BJ1533.R42N4518 2006
179'.9—dc22   2005007094

Fabricado en los Estados Unidos de América
1 2 3 4 5 6 – DP – 11 10 09 08 07 06